JN441329

토렴하는 오후 햇살

토렴하는 오후 햇살

초판 1쇄 발행 | 2025년 12월 26일

지은이 | 김미란
펴낸이 | 김명숙
펴낸곳 | 책마루

등록 | 제301-2008-133
주소 | 서울 중구 퇴계로235 남산자이 304호
전화 | 02-2279-6729
전송 | 02-2266-0452

ISBN 978-89-98437-28-2

토렴하는 오후 햇살

초하 김 미 란 두 번째 시집

책 마 루

• • •
시인의 말

두 번째 시집을 엮습니다.

이 길을 묵묵히 갈 수 있도록

손잡고 걸어주신

손잡고 걸어주실

하나님 아버지, 감사합니다.

2025년 12월

정릉천 겨울볕에서

김미란

| 차 례 |

2부 |

3부 |

4부 |

5부 |

6부 |

해설 | 이혜선(시인, 문학박사, 전 한국여성문학인회 이사장)

1부 |

생존의 띠

목 빼고 기다린 파수꾼의 아침
10년 만의 강추위로 겁주는 일기예보
지난밤 냉기가 남긴 시퍼런 오한
사계절이 시린 골방의 부실한 몸
때 찌든 점퍼 걸치고 빈 배낭도 메고
뺨 할퀴는 바람 가르며 걸어간다
길 건너 붉은벽돌 교회 구내식당
빈속 아우성에 휘청대며 들어서면
차례로 줄지은 익숙한 얼굴들
서럽고 외로운 딱정이가 떨어진다

식당 문 열리면 침샘 두드리는 식욕
나누는 사람과 받아 든 사람이
따사로운 생존의 띠를 엮는다
방금 끓여낸 보리차같은 마음들이
식판에 담아주는 어묵볶음, 김치, 나물
더운밥에 된장국은 하루 지탱할 힘
맛난 한 끼 절반을 아껴 먹고
남은 절반 담은 검은봉지 배낭에 넣는다
여전히 살 만한 세상이
든든해진 배낭 뒤를 묵묵히 따라 걷는다

원본의 상실simulacre*(2)

늘 열려있는 대문
폴짝폴짝 드나들던 어린 시절 친구들은 비석치기, 사방치기, 흙바닥 돌멩이로도 종일 신났지 옆집 언니 라디오에서 흐르던 유행가 건넛집 할아버지 잦아지는 기침 소리 골목 여기저기 밥 짓는 냄새 퍼지면 반찬 그릇 오가던 이웃은 모두 식구였어
담 너머 벌어지는 부부싸움도 토닥이며 사는 우리 동네 하루는 소소한 일일연속극

어느 때부터인지
마을로 드나드는 낯선 사람들 묵은 달력 힘주어 뜯어내듯 창백한 담벼락 하나둘 헐고 오손도손 작은 보금자리도 등 떠밀어 내보냈어 기계음과 망치 소리 커지더니 우람한 아파트들 배짱 좋게 들어섰지 성채가 된 집마다 돌쩌귀 녹슬었는지 문 열리지 않아 살아가는 이야기는 새로 닦인 찻길에 덮여버렸어

동네엔 이제 우리 동네가 없어
기억의 벽에 걸린 뿌윰한 흑백사진만이

그 아련함에 관해 말 걸어올 뿐이지

*프랑스 철학자 장 보드리야르에 의해 전개된 철학적 개념으로 원본과 복사본의 경계가 모호해지면서 복제물이 점차 원본을 대체한다는 현대사회의 특징

돈을 받지 않고 부르던 나의 노래*

허연 입김 뿜으며
지금도 서늘하게 품고 있습니다
젊은 날의 때 묻지 않은 고민으로
아무도 귀 기울이지 않고
누구도 흉내 낼 수 없던 노래를

햇빛 한 가닥 쥘 수 없는 하루들
끝없는 분주함이 핑계로 밥을 먹여도
허기지기만 한 그 다짐들은
일상의 혈관에 조각조각 흐릅니다

은빛 나이로 찾아간 뜨거웠던 광장
정갈하고 짙푸른 그날의 소나무 마주합니다
부끄럽지 않으려고
더 이상 부끄럽지 않으려고
검은 우물에 빠트렸던 푸른 곡조를 건져
훌쩍대는 바늘로 낡은 심장에 박음질합니다
등 굽은 용기, 실금 간 열망일지라도
곰삭은 목청의 소리꾼 될 때까지

아직도 숨 쉬는 노래를 부르렵니다
돈을 받지 않고 부르던 나의 노래를

* 김광규의 시 〈희미한 옛사랑의 그림자〉를 차용

오늘의 콜라주

비벼 빤 흰색 셔츠 널다가 올려 본 하늘
티끌 하나 없이 어지간히 펼쳐져 있고
온 데 내려앉는 따사로운 햇살이
소아병동 핏기 없는 아가를 품습니다

원색만 들이킨 단풍잎 뛰노는 가을날
콩 볶던 시간이 열어 준 오후의 틈새
늘 입던 손뜨개 카디건 걸치고
편하게 늘어난 운동화로 나서는 산책길
신난 발걸음이 앞장섭니다

쇠잔이 밀려들어 작아지신 어머니
하늘길 끄트머리에 오도카니 앉아
병시중으로 지친 딸에게 쥐여주셨던
복숭아색 발그레한 미소 서너 개
기억의 선반에서 꺼내 봅니다

계절 겹칠 때 겨우 만난 허물없는 벗들
너는 어떠냐며 속내 풀어내면
나도 그렇다고 감아주는 실꾸리

해넘이까지 함께 쓴 뿌리 뽑아냅니다

어제처럼 오늘도
하루치 살아내고 누운 고단한 밤
솔솔 쏟아지는 잠의 홑이불 위엔
오늘의 콜라주가 완성됩니다

서랍 속에서

뇌의 보상중추가 챙긴 좋은 기억들
알록달록 색칠해서 서랍에 넣는다
'흘러간 날은 아름다워'
'그때가 정말 좋았지'
들어앉은 안정감은
노크하는 새날을 밀어낸다

거미줄로 지구 휘감은 인터넷망
인공지능이 깜냥보다 앞서 내달리고
클릭이 차린 따끈한 지식은 이내 식는다
미래를 끌어다 살아야 하는 세상
어제의 밖으로 나가는 건 두려운 일
내리꽂는 작달비에 맨발로 걷는 거라며
두려움으로 웅크린 계획이 고개 돌린다

야문 바람이 서랍 틈으로 들어와서
누워 자던 시간을 흔들어 깨운다
파랑새가 알려준 곳에 가자고
밀레의 감자밭으로 가자고

재야의 고수

시장통 입구 분주한 노름마치*곁에
입맛 다시며 줄지어 선 사람들
수숫가루 익반죽 아기 주먹만 하게 뭉쳐
기름 얇게 두른 번철에 올린다
뒤집개로 누른 동그라미 위에
거칠게 낸 팥고물 얹고
반달로 접어 뒤적뒤적
야무지게 익어가는 수수부꾸미

"부꾸미 한 개 주세요"
내 차례가 되어 이천 원 내민다
종이컵에 담아 건네는 재야의 고수
참 대단한 사람이다
잔기침하면 수수 지짐해서 먹이시던
울 엄마 그 맛까지 얹어냈으니

*최고의 명인을 뜻하는 남사당패의 은어

토렴*하는 오후 햇살

종로구 피맛골
십 년째 드나드는 어머니 손맛 해장국집 손님 들이치는 점심 몰이 잦아진 시간 선지해장국 한 그릇 주문하려는데 어딘가 불편한 듯 덜걱덜걱 들어서는 부부 아내의 팔꿈치 잡은 시각장애인 한 손으론 지팡이 톡톡 짚으며 들어와 자리 잡는다 십여 분 지나 다른 시각장애인 부부도 들어선다

달각달각 발소리로 다가가서 나지막이 주문받는 중년의 식당 직원
따스운 김 나는 해장국 뚝배기와 수북한 깍두기 오르고
식사하는 동안 반찬 접시 채워주는 눈치 빠른 젊은 직원
도란도란 안부 물어가며 노포의 정 맛있게 먹는 네 사람
흐르는 대화에 스며들어 그들의 속도로 식사하는 나

삼 대째 이어온 식당엔
사람 귀히 여기라던 창업주 가르침이 오늘도 잔잔히 흐르고
벽에 걸린 '초창기 식당' 흑백사진을 토렴하는 오후 햇살이
노랗게 머물고 있다

*찬밥에 뜨거운 국물을 반복적으로 부었다 따라내는 것으로 밥을 따뜻하게 데우고 국물의 맛을 밥에 스며들게 하는 우리나라 전통 방식의 조리법

습관의 반칙

벼르다 찾은 소문난 음식점
배부르게 잘 먹고 나가려는데
밖으로 밀어도
안으로 당겨도
문이 꼼짝하지 않습니다
이 사람 낑낑 저 사람 낑낑대다
눈에 들어온 문짝 위의 콩알만 한 글씨
'출입문을 옆으로 미십시오'

손님들이 거억 소화 다 되도록
어지간히 밀고 당겼겠습니다

희 의상실

먼지 찌든 창틀 유리문 한 가운데
'수선 전문' 검정 돋움체가 눌러붙었다
문 열고 들어서면 갈라진 시멘트 바닥에
수선할 옷보다 플라스틱 화분이 더 많다
삼색 달개비, 베고니아, 꽃기린이
씩씩한 군인처럼 피고 지고 또 피고

벽 기댄 선반엔 재봉실과 헝겊 조각
꼬질꼬질한 광목 감긴 튼실한 가위
희미한 눈금에도 당당한 재단 자
젖었다 말랐다 세계지도 그리는 다리미판
화상 입도록 눌러대는 군함 모양의 다리미
덜컹덜컹 재봉틀까지 드림팀이 근무한다

돋보기 느슨하게 걸친 반백 파마의 주인장
한때는 잘 나가 밥 먹을 시간도 없었다며
주름진 손으로 입 가리고 웃는데
손가락 금반지가 번쩍이며 함께 웃는다
아무려면 어떠랴?
장수거북 닮아가는 '희 의상실'은

전등 위에 밤이 소복이 쌓이도록
오늘도 여전히 영업 중!

동미*(1)

가슴에 얹힌 납덩어리 꺼내기도 전에
쥔 주먹 떨리는 시퍼렇던 마음을
환한 대낮으로 끌어내던 너는 말했지
"그래, 말하지 않아도 알아"
참았던 눈물 빗줄기로 쏟아지고
목청에 엉겨 붙은 서러움 녹아내렸어

어떻게 알았니?
어디서 들었니?
네 앞에서 실컷 울고 싶었어
억울하고 아픈 사정 다 털어놓고 싶었어
정자나무 그늘 챙겨서 다가오는 동무야
나는 오늘도 너를 배운다

* '동무'의 함경도 방언

확신의 민낯

분명 들었나요?
직접 보았나요?
사실이 맞나요?
그대는 확신합니까?

파괴하는 거짓이
억울한 무덤 자리 준비해도
강력한 진실은
모든 걸 밝혀내는 빛이더군요

밤고구마

어릴 때부터 유난히 좋아하는
삶은 밤 부스러지듯 목 컥컥 밤고구마
시장 안 좁다란 골목 채소가게 드나들며
늘 마주하는 여주인은 앉을 짬이 없다
삶의 무게로 휜 다리가 노상 분주하고
낡은 전대도 주인 허리에서 같이 바쁘다
푸성귀 다듬어 파느라 까만 손톱
저녁 무렵이면 굽은 등이 둔덕이다

가게 지나다 얼갈이배추 틈 메모를 보았다
빈 상자 귀퉁이 찢어서 쓴 삐뚤빼뚤 몇 글자
'그동안 감사했습니다'

달포쯤 지나 산책길에서 마주친 그녀 뒷모습
깔끔한 차림으로 걷지만 여전히 휜 다리
구부정한 허리는 좀 펴진 듯도 한데
멀찌감치 거리 두고 걸으며 축복한다
퍽퍽 고구마 같은 날들 벗어나시길
허리 쭉 펴고 해처럼 웃고 사시길

다 그대로여

이 동네는 옛날 그대로여
길 건너 우체국이랑 초등핵교도 여전하구
간판 갈았지만 시장통 약국도 버젓이 있어
버스 정류장 김 안과도 3층 거기에 있잔여
칠성방앗간 떡맛도 그냥저냥 그대로여
골목시장도 나 어릴 때 그대로라니께
그래서 노인들 살기 좋어
맞아, 수더분허니 참 좋어

전부터 여태껏
해도 달도 다 그대로라는 우리 동네
구청에서 지붕 덮어준 다리 위 벤치에
오가다 모여 앉은 동네 어르신들
편의점 자판기 커피 뽑아 드시며
아주 진지하게 아주 흡족하게
두런두런 이야기가 동그라미다

동미⑵

문제집 펼친 책상에 자리 잡은
벽돌 닮은 검은색 라디오
안테나가 예민한 주파수 잡아
조용히 내 귓가에 동무로 앉히면
공부는 하는 둥 마는 둥 밤을 함께 건넜다
'밤을 잊은 그대에게'
'별이 빛나는 밤에'
그윽한 목소리 디제이 오빠는
좋다는 노래는 다 챙겨 틀어주고
조곤조곤 세상 이야기 들려주었다

수학 문제 풀다 만 스프링 연습장에
끄적였던 팝송 가사는 희미해지고
단발머리 애청자는 중년이 되어
빠른 물길 흐르는 시간 곁에 앉았는데
밤잠 깨우는 또렷한 옛 추억이
또 다른 동무로 슬며시 다가 앉는다

냄새

동네 애들 웬만하면 다 친구였던 시절
다닥다닥 붙은 앞뒷집에서
맛있는 것 참 많이도 만들었다
침 고이는 갈치구이, 김치찌개
비 오는 날이면 애호박부침개까지
담 넘어 달려오던 냄새의 향연
우리 집에서 고기라도 구우면
으스대고 싶은 어린 마음에
찢어진 종이부채로 엔간히 부쳐댔다

냄새는 민폐라는 빈정거림 싫어서
오늘도 음식 만들기 주저하는 나는
환풍기 맹활약의 건조한 세월을
당연한 듯 살아간다

겨울 밑 양지

자존심 강한 2월 추위는
여기저기 휘젓고 다니는 주제에
햇빛이 자리를 펴는 게 마뜩잖다
손님 그럭저럭 드나드는
조그만 가락국숫집 세 칸의 나무 계단에
눈치 없는 양지가 엉덩이 들이민다
두꺼운 점퍼에 꽃무늬 솜바지
지팡이 꽉 쥐고 늘어진 배낭 걸친
두 어르신 반갑게 만나더니
따스운 계단에 앉아 도란도란

어린 봄이 버거워하던 찬 바람
재미난 계단 대화에 끼어들어
기어이 두 사람 일으켜 세운다
흘러내린 배낭끈 올려주며
먼저 가라 어서 가라고 손짓하는데
지팡이는 제자리걸음 또각또각

겨울 밑 양지는 괜스레 미안하다

2부 |

봄바람의 귀엣말

군데군데 칠 벗겨져 볼품없는
아버지 앉으시던 나무 의자
엉덩이만 슬쩍궁 걸쳐도
부실한 다리 네 개가 삐거덕삐거덕

쓸모없다 버리기엔 맘 시린데
지나가던 봄바람이 귀엣말하길래
붉은 토분에 분꽃씨 두엇 심어
공주님 모시듯 삐걱 의자에 앉힌다
울 아버지 그리 좋아하시던 분꽃 향을
올여름이면 맡을 수 있으려나

가자미식해食醢

부모님 고향은 함경도
겨우내 밥상에 오른 내림 손맛
첫눈 내리면 의식 치르듯
어머니는 참가자미 두어 짝 들였다
토막 낸 생선을 소금에 알맞게 절여
반건조 무채와 섞고 고춧가루 물들여
노르스름 좁쌀밥, 마늘, 생강 넣고 버무렸다
꾹꾹 누른 식해 위에 물기 돋아나고
쿰쿰한 냄새로 생선 쫀득해지면
아삭하고 매콤하던 우리 집 겨울 먹거리
좁쌀 다닥다닥 붙은 어머니의 식해는
눈 덮인 땅속 옹기에서 맛이 들었다

밥상머리에서 아버지 늘 들려주셨던
북녘의 할아버지, 할머니, 친척들 이야기
누런 사진 속에서나 챙겨보는 식구
밤하늘 구석에 뜬 별 같은 고향을
허한 속내에 불씨로 품으셨던 부모님
꽁꽁 언 설움을 식해로 녹이셨던 걸까?
그 쓸쓸한 불씨 챙겨둔 딸은

첫눈 내리면 의식을 치르듯
참가자미 썰어 식해를 버무린다
북녘의 족보 채워가는 마음으로

사랑이

빨간 신호에 멈춘 타고 가던 버스
건너편 동물병원 통유리창으로 보는
검은 옷 사내와 강아지 다정한 모습
넥카라 두른 채 늘어진 흰둥이
덩치 큰 남자가 쓰다듬고 토닥인다

사업 실패가 등 휘도록 누르던 때
사나운 요크셔테리어 한 마리 떠안았다
짖어대는 사나운 녀석을 조심스레 안고
같이 살아보자고 쓰다듬고 얼렀다
노상 뛰는 탱탱볼 강아지 '사랑이'는
상한 마음 어루만지는 치료제였고
미로를 함께 빠져나오던 동지였다
잦은 이사에 들볶여 입양 보낼 때
피붙이 떼어내듯 울고 또 울어
한바탕 좌절이 할퀸 생채기가 더 아렸다

초록 신호등에 버스 출발하고
남자와 강아지 실루엣이 멀어졌다
둘둘 말아서 던져두었던 그리움이

덜컹 유리창에 파노라마로 펼쳐진다
꼬리 흔들며 펄쩍펄쩍 뛰던 사랑이가
은회색 털 휘날리며 달려오고 있다
고인 눈물로 시야 뿌연 나의 품으로

성급한 일반화의 오류*

늘 그런 식이었지, 우리 엄마는
모락모락 찐빵 반듯한 것만 옆집 몫으로 접시에 담으셨어
못난 건 왜 항상 우리 차지냐고 입 삐죽이 나와 툴툴대던
말
"엄마처럼 안 살 거야"

작아진 오빠 스웨터 풀어 조끼를 짜서 나 입히고 동생도
입히고 다시 풀어 모자 짜고 장갑 만들고 … 새것 갖고 싶
어서 내뱉던 말
"엄마처럼 안 살 거야"

딸의 투정 그러려니 넘기셔도 서슴없이 항아리 뚜껑 열어
아껴 모은 것 가난하고 힘든 곳으로 조용히 흘려보내신 당
신 끝 보이는 병상에서도 멈춤 없던 섬김의 품격 좋다시던
자목련 꽃잎 지듯 가신 지 벌써 여섯 해 왼손 모르게 심으
신 오른손의 씨앗이 어머니 빈 자리에서 튼실한 열매로 맺
히고 있다

헐렁한 바지 주머니에
두 손 슬쩍 찔러 넣으면서 혼잣말이다

"엄마처럼 살 거야"

"난 우리 엄마처럼 살 거야"

* 일부의 사례만을 제시하거나 대표성이 없는 불확실한 자료만을 가지고 바로 어떤 결론을 내거나 도출하는 데서 발생하는 논리적 오류

조망수용능력*의 지각

노년의 흔한 습관인 줄 알았다
팔순의 친정엄마 가방과 주머니엔
사탕, 휴지, 옷핀이 주인이다
떨리는 수저가 흘린 것 닦는 뽀얀 휴지
느닷없는 마른기침엔 알사탕 한 알
헐렁한 옷가지 야물게 여민 옷핀
불러낸 곳에서 제 몫 하는 녀석들
마실 갈 때면 꼼꼼히도 챙기셨다
시곗바늘 달려와 내 가방과 주머니에도
어머니 애용품이 슬슬 자리 잡는다
흰 셔츠에 묻은 벌건 찌개 국물
에어컨 바람에 느닷없는 잔기침
늘어난 바지 허리도 도움 청한다

산 같던 남편 하늘나라 가신 후
짝 잃은 아내는 푸른 대나무로 사셨다
당신이 붙드셨던 삶의 문법은
측은의 눈길 막아서는 자존감이었다
어떤 바람에도 흔들림 없는 큰 나무처럼
자기연민 거부하는 당당한 홀로서기였다

세월이 짚어준 어머니 속내를

이제야, 이제서야 읽는다

*眺望受容能力. 심리학 용어로써 사고, 감정, 상황 등 상대방 관점에서 이해할 수 있는 능력

어미(2)

버들치 헤엄치는 정릉천 한쪽에
난민처럼 웅크린 새끼 오리 13마리
살기의 공포로 두려운 어미 오리가
총대처럼 세운 목으로 지르는 괴성
섬뜩한 금속성 울부짖음이다
주변 살피다 전투기처럼 날아서
공격 자세로 노려보던 길고양이를
주둥이로 들이박고 쪼아대는 선공
산책하던 사람들 그 광경에 소리 지르고
기겁한 고양이 녀석 삼십육계 줄행랑
그제야 어미는 휘청휘청 새끼 곁으로 간다

버들치 헤엄치는 맑은 정릉천은
아무 일 없다는 듯 조용히 흐르지만
애타는 모성은 핏빛 요새를 쌓는다

우유 자습서

무너진 살림이 내던진 아픔
큰 집 많은 동네에서 변두리로 짐 쌌다
주변 사람들 슬슬 눈치 보며 떠난 자리엔
외로움과 막막함이 불청객으로 들어섰다

집었다 놨다 다시 집었다가
손에 쥔 동전 몇 개 만지작만지작
냉장고에 쟁이던 딸들 좋아하던 우유
겨우 500밀리 한 팩 선뜻 사는 게
집 한 채 사는 것만큼 힘들었다.
그날그날 무너지는 삶은 몹시 매웠다

이젠 1등급 1,000밀리 몇 팩이라도
냉큼 살 수 있는 주머니를 찼지만
궁핍으로 가슴 저리던 인생 공부
마트 계산대에서 또렷하게 읽힌다
물건 사 들고 나설 때마다
철이 든 감사가 깊은 데서 흘러나온다

먹고 싶다

여름이 달려와 밥상에 앉으면
아버지 점심은 늘 물냉면이었다
더운 날 건너가는 동안
오이와 배가 냉장고에서
썬 수육과 조각 얼음은 냉동실에서
냉면을 향한 출격을 기다린다

씹기 좋게 삶아낸 사리 위로
푸짐하게 오르는 웃기들
시원한 냉국 부어지고
삶은 달걀 반쪽이 정점 찍는다
얼음 둥둥 떠다니는 냉면 한 그릇
겨자와 식초로 마무리한 아버지
군침이 도는 젓가락을 잡으신다
냉면이 그렇게 좋으냐며
다가앉아 웃으시던 엄마
기분 좋게 끄덕이며 드시던 아버지

엄마의 냉면을
아버지처럼 먹고 싶다

그대 이름은 '장미'

세 번째 데이트가 내 생일날
새빨간 장미꽃다발을 안고
여대 교문 앞에서 벌쭘해하던 남자
탐스럽게 벌어진 스물두 송이 장미
꽃보다 뿜어내던 향기가 더 좋았어

묵은 달력이 쌓이고 쌓이도록
빠알간 꽃을 건네던 남자는
든든한 동반자로 살고 있지
손에 물 안 묻히게 해주겠다며
세상 행복 다 줄 듯 장담했지만
이젠 기억 가물대는 하얀 약속들
사실은, 알면서도 잊은 척 살고 있어
바람 맵짜게 부는 삶의 광야에서
서로 바람 막아주는 걸로 충분해

누구라도 먼저 마주할 세상 끝날에
따스한 손 꼬옥 잡아줄 우리
검은 머리 파뿌리 되든지 말든지
영원히 그대 이름은 '장미'

담장

담벼락이 좋다
마음이 먼저 보는 참한 담장
생각보다 앞서서 손이 뛰어나가
휴대전화 셔터를 찰칵 누른다

가지런한 주택가 붉은 벽돌담
정릉천 언저리 자갈 박힌 시멘트 담
이끼가 피어나는 낡은 블록담
현대 미술관 설치작품 자갈 쌓은 담
정동길 옛 이화여고 콩담까지
맘에 들어온 담장은 깊게 반갑다

멀리 떠나 못 돌아오시는 부모님은
무조건 의지하던 옹벽이었다
딸이 당신 연세를 뒤따르지만
달려가 기대고만 싶은 어린 마음이
휴대전화 셔터를 찰칵 누르게 한다
마음이 먼저 보는 참한 담장을

수의壽衣

마련해 두면 입을 사람 장수한다기에
어머니 수의 장만해서 오래 보관했다
서랍 깊은 곳에서 곱게 잠재웠다
당신 가실 날 아직은 먼 줄 알고
하늘 푸르고 바람 넉넉하게 좋은 날
햇빛 잔뜩 묻히려 활짝 펴 거풍하는데
누런색 삼베에 깊은 숨소리 배도록
옷 주인은 임종 잠에 드셨다

몇 날 안 지나
고우신 내 엄마는 가쁜 숨 챙기셔서
햇빛과 맑은 바람 담아서 빳빳해진
베옷 차려입고 아주 멀리 떠나셨다

별똥별처럼

청회색 빠져나가던 8월 새벽녘
추모 공원 흙바닥 퍼내고
엄마 유골함 묻고 내려오는 길
아무렇지도 않게 어제 해는 다시 떴고
잠 여윈 가족들 눈엔 핏줄이 섰다
긴 투병으로 저물어 가신 탓에
마음 한편으로 준비하던 장례지만
흰 국화보다 더 하얀 슬픔이 깊었다

대학병원 장례식장에 상복 반납하고
서로들 산 사람은 살아야 한다며
지친 몸뚱어리 추슬러 집으로 돌아왔다
구토가 심하셨던 당신 베갯잇 벗겨내는데
다 말랐다 싶었던 식초 같은 눈물이
밤하늘 별똥별처럼 후루룩 흘러내렸다

가슴애피*

깊은 골짝에 박혀버린 절망의 그대
내 울음으론 안아줄 수 없어서
통증이 할퀴어대는 신음만 할 뿐이야

군데군데 갈라지는 사는 날의 균열
속 빈 사랑은 쓸 데가 없는 것 같아
싸구려 마취제는 저렴한 위로일 뿐이야

내 아팠던 시간만큼 자란
새살 돋은 심장으로 안아줄 수밖에

*'가슴앓이'의 전남 방언

아직도 부스러기가

기억의 소쿠리엔
아직도
부스러기가 남아
불현듯 떠오르는
어머니의 마지막 미소

이젠 잊었지 싶었는데
울컥 치미는 그리움
와락 쏟아지는 뜨거운 눈물

3부 |

슈톨렌 한 조각

20년 만에 맞는 고국의 12월
내 영토의 크리스마스가 낯설다
산타클로스와 사슴이 챙기는 저작권
깜빡깜빡 전구 장식의 상술이 돈을 세고
술잔의 천박한 노래가 둥둥 떠다닌다
가난한 사람이 가난해지고
부유한 사람은 더 가난해져서
교회 첨탑 십자가 불빛이 더 붉다

지인이 선물해 준 슈톨렌 한 덩이
독일의 크리스마스 전통 과일 빵
대림절 촛불 하나씩 켜는 마음으로
슈톨렌 한 조각씩 이웃과 나누며
다가서는 복된 성탄절을 기다린다
여위어가는 겨울이 더 춥고 아픈
이 땅 12월의 한 모퉁이에서

미제레레Miserere*

진창의 가난이 키워낸 루오는
어릿광대·매춘부·곡예사의 멍든 삶
그 웃음 뒤 흘리는 검은 눈물을
묵직하고 두터운 터치로 그렸다
잔혹한 제1차 세계대전
생존과 죽음 나뒹구는 지옥의 시간
시퍼렇게 날이 선 공포에 세상은 전율했다
쉰여덟 개의 판화에 새겨진
애통하던 화가가 삶 어루만지는 기도

오래전 어느 노오란 봄날
미술관에서 만난 '루오 작품전시회'
판화 작품 속 울음소리에 발길 멈췄다
주삿바늘처럼 비릿한 통증 들어서고
캔버스에 고이던 화가의 눈물이
휘청이는 응어리로 내 심장에 담겼다
멀리서 때론 가까이서
여전히 들리는 전쟁의 벌건 탄식
나의 깊은 곳에서는 기도가 시작된다

"주여, 불쌍히 여기소서"
"미제레레, 미제레레"

* 라틴어로 '불쌍히 여기소서'라는 뜻이며 프랑스 화가인 루오의 동판화집銅版畵集 제목

그때 그곳에 그렇게

그때
그곳에
그 한 분이 계셨기에
그렇게
그 한 분
예수 그리스도가 계셨기에

물맷돌 다섯 개

살아가는 건 싸움터에 서는 것
골리앗을 이겨야 산다고 세상은 외친다
방패 없는 초라한 두 손
통증으로 부은 상처투성이 맨발
추레한 옷에서 패배 비늘이 떨어진다
파리해진 삶은 두려움 만지작거리고
불안의 뻘밭에서 끝없이 바둥거린다

서러움 질질 끌고 찾아간 당신 품
진저리 치며 통곡하는데
강한 팔로 안아 토닥이신다
샘물로 솟는 평안에 영혼이 숨 쉰다
강하고 담대하라 일으키시며
빈손에 쥐여주신 물맷돌 다섯 개*
놓치지 않게 꽉 쥐고
저벅저벅 저벅저벅 걸어간다
살아가는 건 싸움터라는 곳으로

*구약성경 사무엘상 17장 40절의 내용

에셀나무*

뿌리는 알고도 뻗어보기로 했다
물 찾아서 땅속 30m 뚫고 가는 고통
잎도 해산의 각오로 몸 불리기로 했다
소금기 깨물어 수분 뿜어내는 진통

에셀나무는
불타는 사막의 달아오른 입김과
앞을 막고 공격하는 모래바람 견디며
기어이 촘촘하고 거대한 지붕 만들고는
지친 나그네들 불러들여 안식을 대접한다

아무렇지 않게 진짜 아무렇지 않게
온몸의 진땀 닦던 나무의 입엣말
살아있는 의미는 이것으로 충분하다고

*중동 사막에서 자라는 상록수로 깊게 뿌리내리며 지붕처럼 거대한 그늘을 제공

마음의 단면

은그릇 되려느냐?
아닙니다

금 그릇 되려느냐?
아닙니다

저는
당신의 귀한 빛 담아낼
정결한 그릇이 되고 싶습니다

연두색 낮잠

나비잠 아가를 마주 보고 눕는다
축복으로 피우는 기도의 향
연둣빛 꿈 가득한 어린 생명에게
화창한 내일이 스며들기를

간절한 향이 끝없이 피어오르고
눈꺼풀 스르르 내려앉을 때
한마디 기도 보탠다
색바랜 더께의 내 삶
마음속엔 맑은 샘물만 고여
낮은 곳으로 흘러가기를

드릴 말씀

완벽한 요새이신 하나님
당신 앞에서 신발 벗겠습니다
아무 말 없이 신발을 벗겠습니다

세상 끝까지 함께 하시는 하나님
나갈 땐 신발 신겠습니다
아무 말 없이 신발을 신겠습니다

나의 힘이 되신 여호와 하나님을
마음 다해 사랑하기에
마음 다해 의지하기에

내 좋으신 농부는

밟히고 눌려 딱딱해진 길가
거친 돌 쪼가리 뒤섞인 돌짝밭
쿡쿡 찔러대는 가시덤불 밭
모진 바람이 갈이 눕는 묵정밭
쓸모없던 내 영혼의 밭뙈기에
쟁기질, 호미질로
씨 뿌리며 흙 덮고 가꾸어
좋은 열매 기다리십니다
내 좋으신 농부는

영혼으로 긋는 줄

테이프로 둘둘 감은 가죽 표지
바스락거리는 나이 많은 내 성경책
오렌지 형광펜 줄
연두색 형광펜 줄
빨간 볼펜의 물결선까지 그으며
한장 한장 읽고 또 읽었는데
처음 본 듯 낯설 때가 있다

거듭난 영혼이 다시 줄 긋는다
그제야 인쇄된 구절이
심장에 뚜벅뚜벅 들어와 말한다
삶으로 살아내라고
그래야 하는 거라고

낳고, 낳고, 낳고

'감사는 감사를 낳고
그 감사는 또 다른 감사를 낳고
감사는 자꾸만 감사를 낳는다'

살 떨리는 감시와 결박에 묶인 땅
흐릿한 빛 한줄기도 들어서지 못하는
웅크린 지하교회 갈라진 벽에
이름 숨긴 성도가 쓴 믿음의 고백이
먼지 쌓인 내 영혼의 거미줄 걷어냅니다

굴헝에서

힘겹게 숨 쉬는 심장 쥐어뜯으며
뜨건 눈물 흘리던 날에도
작정하고 덤비는 축축한 현실
이기는 자는 끝내 이기는 자는
생명의 면류관 머리에 얹어주신다고

잔가시를 혀와 손에 두르고
쉼 없이 찔러대는 사람들
억울한 분노는 열탕 같은 저주 퍼붓고
진흙탕에서 뒹굴고 싶던 날
꼬옥 품으시며 흰색 순교 귀하다고

추운 날 더운 날
해 뜨고 달 떠도
세상이라는 굴헝에서 숨 쉬지만
빈들로 향하는 걸음 잦아지면서
내 속에서 날 섰던 칼날 점점 무뎌지며
주님의 깊은 뜻 알아간다

감사의 목록

막 쪄낸 포슬포슬 햇감자 먹다가
떠오르는 고마운 단어들
농부, 햇빛, 비와 흙

얼굴도 희미한 친구가 보낸
잘 지내고 있다는 안부 문자
나도 잘 있다 꾹꾹 누른 답장

구석에 던져둔 오래된 셔츠
구김 펴서 입고 길 나서도
기죽지 않는 마음

휴대전화로 보낸 나의 시 한 편
읽고 마음 추슬렀다 걸려 온 딸의 전화
시인 되길 잘했다며 챙겨 담는 자긍심

손가락으로 세다가 다 못 세어
그만 두 손 활짝 편 감사의 목록

주문主文*

성공을 향해 달리는 하루
끌어내리고 짓밟는 욕심 되어
마녀사냥 무기로 전락한다
양심을 따서 구기고
손아귀에 욕망을 움켜쥔 채로
악취 나는 문화에 빠져든다
이러면 안 되는 거라고
알면서도 눈 감고 침을 삼킨다

주문主文!
거역의 문화를 거역하라
품격 있는 눈물을 흘리라
어떤 하루라도 공의를 붙들라
진정한 성공에 성공하라

*법률 용어로 판결의 결론 부분을 말하며 선고할 때 이 부분을 반드시 낭독하여야 함

부고訃告

계절도 시간도 다 넘어뜨리고
문자로 달려온 지인의 부고
머릿속 텅텅 비어버리고
온몸이 심장 되어 쿵쿵 뛴다
엊그제 만났던 사람인데
조만간 또 보자던 사람인데
약속도 안 지키고 가버렸다

검은 옷, 검은 신발로 달려가
슬픈 국화 한 송이 헌화하고는
장례식장 육개장 한 술씩 떠먹으며
눈물 섞인 중얼거림 입안에서 굴린다
하루하루 살아가는 건
하루하루 떠날 준비구나
차례 오면 다 놓고 가는 거구나

저만치 밀어둔 본향 돌아갈 약속
얼른 꺼내 먼지 툭툭 턴다

구부러진 열쇠

구부러지고 뒤틀린 열쇠로는
입 꽉 다물고 버티는 쇠자물통
도저히 열 수 없는 것 실토합니다

돈으로도 약으로도 고칠 수 없는
망가지고 죄에 절은 시간으로는
열어갈 수 없는 밝은 내일
감히 전능자의 그늘에 들어섭니다
회색 인간이 된 가련한 이 모습
당신의 발등상에 올려놓습니다

총량의 법칙

누구라도 손에 쥔 한 잔의 고난
다 마시는 것이 인생이라 하더군
눈물 계곡을 맨손으로 기어 올랐고
생채기로 지은 밥도 먹었어
깨진 계절을 빈 주머니에 담고
납덩이 들어앉은 가방도 메고 달렸어
회오리바람이 쓸고 간 빈 밭에서
희망이란 걸 잡으려 발버둥도 쳤지
금방 깰 꿈조차 꾸지 못하고
오돌오돌 떨며 밤길 걸어야 했었지

돌덩이 같은 시곗바늘이 인상 쓴 채
힐끔거리면서도 돌긴 돌더군
지금쯤이면 많이 비워냈을까?
그 쓰디쓴 것들의 총량을

4부

유월의 세레나데

앳된 여름이 들어선 인사동
잰걸음 사라져 소란 없는 밤거리엔
피곤한 어깨들이 터벅터벅 걷는다
셔터가 입 다문 기념품 가게 앞
바이올린 연주 버스킹이 시작된다
'Serenade to Spring'*
살랑이는 까만 바람 드나들고
네 개의 현이 춤추는 촉촉한 향연

창밖에앉은바람한점에도사랑은가득한걸
살아가는이유꿈을꾸는이유모두가너라는걸**

김동규의 '시월의 어느 멋진 날' 가사는
리듬의 양탄자로 어두운 거리 날다가
하루 고단함에 지친 연인의 팔짱에
유월의 세레나데로 살포시 내려앉는다

*시크릿가든의 데뷔 앨범에 실린 연주곡으로 국내에서는'10월의 어느 멋진 날'로 알려짐
** 위의 곡 한경혜 작사가의 가사를 차용

베네치아 종이 가게

도시 전체가 박물관인 베네치아
마음 놓고 길 잃어도 된다는데
골목과 골목이 거미줄로 엮이고
그 틈새 올망졸망 상점가엔
이탈리아가 쌓아 둔 시간이 숨 쉰다
천재 손길이 머문 찬란한 두오모
아치 튼실한 콜로세움은 아니더라도
예술이 일상으로 들어앉았다

작정하고 기웃거리며 찾던 곳
콩닥콩닥 들어선 오래된 종이 가게
세월 접힌 진열대가 놓인 두어 평 공간
서양화에서 본 귀족 서재의 두툼한 공책
르네상스 화가가 찾았을 질감의 도화지
가문의 문장 찍힌 작은 소품들까지
대를 이어온다는 가업의 솜씨
젊은 직원 자랑엔 마침표가 없다
얄팍한 손재주로 흉내 못 낼 기품
여행자의 눈과 귀가 호강이다
좀처럼 발걸음 못 떼고 머뭇대다

카드와 봉투 몇 장 마련한다
"띠아모Tiamo" 인사와 함께
아끼는 사람에게 줄 설렘으로

옥시국시*

구한말舊韓末,
무서운 흉년 들고 외세에 시달려 창백한 한반도는 휘청이도록 아팠다 나라 뺏긴 백성들 굶주림과 설움으로 국경 넘어 찾아간 춥고 거친 땅 북간도 북풍보다 시리던 망국인의 슬픈 허기에 대륙의 끝없는 지평선 옥수수밭이 손 내밀어 건넨 따순 먹거리 웃기가 국물보다 윗길이라는 옥시국시

국수틀로 뽑아낸
노오란 가닥 쫄깃하게 삶아내 잘게 썬 김치, 양파, 풋고추, 고수 고명에 양념장도 올려 따끈한 장탕국 부어 먹으면 어머니의 물국수 생각에 울컥했겠다 윤동주, 김좌진, 홍범도 그리고 내 할아버지까지 나라 잃은 사람들 마주했을 고마운 끼니

십여 년 전
중국 대학에서 근무하던 어느 오후 연변 자그마한 국숫집에 앉아 어눌한 중국어로 주문한 옥시국시 한 그릇 따신 국물이 목구멍을 타고 내리는데 마음이 때 없이 허기지던 타향살이에 한 대접의 격려

나의 20년 두고 온 곳
다시 갈 수 있다면 웃기가 윗길이라는 국수 위에 고기 듬뿍 얹어 그 땅에 심긴 어여쁜 사람들과 흠뻑흠뻑 웃으며 시끌벅적 먹고 싶다

* 구한말에 조선인들이 북간도로 이주하여 만들어 먹었던 '옥수수 국수'의 지역 방언

세계화의 골목

시간 쟁여두고 사는 우리 동네
색바랜 기와에 주저앉는 햇빛
둘둘 말아쥐고 한 바퀴 돌아본다

어깨 겯고 줄지은 가게들
여기저기 피어나는 불빛
독일 도르트문트 호프집 베트남 쌀국숫집 중국 마라탕과
마라샹궈 식당 이탈리아 파스타 가게 일본 라멘집도 생긴
지 오래 마트엔 망고 자몽 오렌지 자고 나면 하나둘씩 낯
선 것들이 얼굴 내민다

지구,
이 손톱만 한 귀퉁이까지
세계화는 밀물로 들이치는데
고집 센 전봇대가 떡 버틴 골목
어둠 걸친 낡은 담장 안에선
달그락달그락 늦은 저녁 준비
두런두런 내일 살이 걱정 한가득

8월, 어느 아침의 소묘

열대야로 늘어진 밤 다녀간 작달비
유리창에 대롱대롱 매달아 놓은
김창렬*의 반짝이는 물방울들

잡아끄는 잠의 손목 뿌리치고 창문 여니
눅눅하게 젖은 새벽 방충망으로 스며들고
계절 농익히는 매미의 화창한 울음소리
물결치며 동네 구석을 채워간다
이른 시간 늘 골방에 들어
무릎 꿇고 올려드리는 아침 기도는
하루 살아낼 힘 충전하는 복된 노동

여름꽃들 눈 맞추러 나간 발코니
화창한 하늘에 귤색 태양 소소리 오른다
종종대는 마음이 준비하는 아침거리
삶은 달걀, 사과 몇 조각 접시에 담을 때
무더위 식혀 줄 갈바람도 한 줌 없는다

*故김창렬(1929~2021)은 오랜 시간 프랑스에서 활동했으며 '물방울 화가'로 알려짐

시월의 결

닿을수록 기분 좋은 가을 숨결이
조바심치는 달력에서 익었다
빨간 사과 달디단 즙과
귀뚜라미 아카펠라 화음이
아슴푸레 학습되던 계절을 입력한다
파아란 하늘 한 줌 주머니에 넣고
예쁘게 나이 든 운동화로 길 나선다
주황색 물 뚝뚝 떨어지는 거리
마른 잎 태우는 진갈색 냄새
밟혀 뭉그러진 은행알 비린내마저
시가 되는 기막힌 나날들

발길 멈춘 대학로에 어둠 내리면
가로등 밑으로 마로니에 낙엽 굴러들고
길가 매대엔 잔치하는 군밤 냄새
본향 돌아갈 시간 귀엣말하는 뭇별들
밤하늘에서 서로 옷깃 여며준다
시월의 마지막 밤 흥얼대는 즈음
간절기 껍데기조차 아쉬운데
통고도 없이 멍석 둘둘 말아

종종걸음으로 멀어지는 가을의 뒷자락
계절이 뒤집은 모래시계라도 본 걸까?

아린 오지랖

집 근처 빈터에 가끔 장이 선다
미역, 황태포, 다시마 실은 건어물 트럭
장사하는 뽀얗고 말쑥한 젊은 부부
손님 대하는 거며 물건 파는 게 어설프니
동네 어르신들 서로 나서서 흥정 돕는다
좀 더 팔아보려 애쓰는 여린 아내
시집간 딸 또래라 마음 쓰여
괜스레 이것저것 사곤 한다

한 달 만에 본 곰살갑던 그녀가 이상하다
소매 걷은 셔츠 안 헐렁헐렁 겉도는 몸
통통 튀던 목소리 주저앉고 흐릿해진 눈빛
푹 꺼진 뺨 웅덩이 파리한 얼굴이다
간이의자의 작아진 여인이 병색 짙은데
옆에 앉은 남편마저 겨울나무로 야위었다
트럭 안팎으로 가득한 무거운 그늘
묻지도 못하고 머뭇거리다 온다

사 들고 온 황태포에 염려도 얹혀왔다
'어디가 아픈 걸까?'

'다시 가서 더 사주면 힘이 나려나?'
'부디 별일 없어야 할 텐데'
엄마치 아린 오지랖이 내 속을 휘젓는다

카이막

이스탄불 태양이 금빛 기지개 켜면
갈매기 떼 보스포루스해협으로 날아들고
낯선 숙소에서 얕은 잠의 부스스한 여행객
골목 어귀 식당에서 늦은 아침 주문한다

콩닥거리는 튀르키예의 첫 끼니
이미 식탁 위엔 시미트 빵 한 바구니
말로만 듣던 뽀얀 카이막도 오른다
몽글몽글 구름 닮은 생소한 먹거리
귀퉁이 조심스레 떠서 입에 넣는다
눈처럼 녹아내리는 밍밍한 맛이
꿀과 섞이니 찬란한 풍미로 퍼진다
카이막 얹은 빵과 전통 음료 '차이'
비잔틴제국 황제도 이렇게 먹었으려나?
세계사 교과서와 카이막이 허락한 상상이
갈매기 날개 위에서 퍼덕거린다

슬슬 골목 빠져나가는 아침 해 등지고
검은 고양이, 점박이 고양이 점잖게 다가와
오물대는 이방인 치보다 꼴깍 침 삼킨다

담Dam 시장

– 베트남 나짱에서

뭉툭한 빗자루가 새벽 쓸어내면
파도 소리 가득한 바닷가 시장엔
망고랑 두리안이 달콤한 손짓하고
골목 가게의 라탄 바구니 으스대면
쨍한 비치웨어가 옷걸이로 그네 탄다
꼬리 물고 주차하는 관광버스 문 열리면
시끌벅적 웃음의 여행객들 몰려나와
나짱 한 보퉁이씩 기쁘게 담는다

겪을 만큼 겪어낸 전쟁
상흔과 아픔을 딛고 일어선
젊은 베트남도 담 시장에 모여들어
환한 소망 한 조각씩 기쁘게 담는다

마르가리타

이십 년 전이다
멕시코 가난한 동네 자그마한 예배당에서 우리가 만난 건

담도 없이 얼기설기 엮은 판잣집 빨랫줄에 누추가 널려있고 한눈에 사방이 다 들어오는 작은 마을이다 울퉁불퉁한 교회 흙바닥에 자리 펴고 제자들과 챙겨간 장구, 북, 꽹과리, 징으로 "덩덩 쿵더쿵" 사물놀이 연주하니 꼬불꼬불 좁은 골목에서 샛별 같은 눈의 아이들 뛰어나와 둠칫둠칫 춤춘다 멕시코 목사님이 사탕과 전도지를 신이 난 아이들 손에 쥐어준다 지붕 휑한 부엌에선 마르가리타 사모님이 라임즙을 내고 보름달 닮은 치즈 덩이와 또띠아로 동네잔치 준비한다

장구를 만지작거리던 사모님이 수줍게 나를 건네본다
슬며시 다가가서 두 손에 궁채, 열채 쥐어주고 휘모리장단 함께 두드린다 빠진 앞니 깊은 주름의 그녀 얼굴에 꽃으로 피는 밝은 미소 말은 통하지 않지만 맞장구로 이미 동지가 된 멕시코 아줌마와 한국 아줌마

익선동 멕시코 식당에서 타코라도 먹을 때면
마르가리타 사모님 치즈색 미소가 풍선으로 둥둥 떠오른다
먼 훗날, 천국에서 만날 귀한 사람

돌

– 포로 로마노Foro Romano*에서

여행깨나 한다는 지인이 쉽게 말한다
로마에 가면 돌만 보인다고
박힌 돌, 서 있는 돌, 굴러다니는 돌
돌만 보인다고

화살로 꽂히는 지중해의 햇살
선글라스, 넓은 챙 모자 관광객들
헉헉대며 팔라티노 언덕에 올라
젤라토 먹으며 구경한다
몇몇은 사진 찍으며
더러는 지도로 유적지 탐색하며

찬란한 금빛 제국의 번성과
아프고 흉하게 상처 입었던
역사의 서사시가 전차 바퀴로 달렸다
돌들은 묵묵히 새긴 속내 드러내지만
사진 몇 장 챙긴 관광객들
안 보이는 건 보려 하지 않는다
안 들리는 건 들으려 하지 않는다

박힌 돌, 서 있는 돌, 굴러다니는 돌
로마에 오니 돌만 보인다는 무리가
가이드를 따라 줄줄이 걸음 옮긴다

*약 1,000년 동안 로마제국의 정치, 종교, 경제의 중심지

무궁화 삼천리

혜화동 성당 앞 고개길
골목 안쪽 축대에 피어난 꽃
함박웃음 연보라 무궁화가
종일 맘속에 증명사진으로 걸렸다

이 동네 저 동네 무궁화 가득하던 때
진딧물이 떼거리로 그리 설쳐대도
꿋꿋하던 꽃나무는 자리를 지켰다
극장의 애국가 연주가 있던 시절
대형 화면에 가득 차던 무궁화꽃
자랑스러운 나라 얼굴이었다

혜화동 둔덕 활짝 피어난 고마운 꽃
꼭 만나야 할 사람 만나듯 반가웠다
'무궁화 삼천리 화려강산'
애국가 한 소절이 입에서 맴도는데
우리나라 잘 돼야 한다는 바람
별안간 코끝이 찡해온다
아직도 무궁화는 그 무궁화가 맞다

남겨진 휘파람

빌딩풍 휘돌아 치는 겨울 정동길
시린 기운 둘러업은 은행나무 사이로
두툼한 코트에 목도리 두르고
에스프레소 음미하듯
광화문 연가*를 흥얼대며 걷는다

눈 쌓인 조그마한 교회당 앞
이영훈 노래비에 멈춰 서서
단아한 시가 녹아내린 가사와
옹달샘에서 떠온 음률을
건조한 내 마음 화단에 뿌리며
아끼는 예술가를 추모한다.

도시의 창백한 겨울마저 챙기는 정동길
찬 바람 둘러업은 은행나무 사이로
기꺼이 숙제를 안고 나는 걷는다
그대 떠난 자리에 남겨진 휘파람 불며

*이영훈 작사·작곡. 이문세 노래

오겠구나!

칠월이 깔딱고개 넘어가며
마른장마 끌고 와 매일 군불 땐다
16차선 도로에 지열이 둥둥
벌건 열기가 끌어당긴 수은주에
자동차도 사람도 허덕허덕
한 뼘 바람이라도 만날까 싶지만
하늘도 땅도 팔짱 낀 옹고집쟁이

"저거 진짜 잠자리다!"
그늘 챙기던 꽃무늬 양산 앞으로
가을 한 마리 날아간다
제 성질에 지쳐야 꼬리 내릴 여름이
눈치를 채든 말든
산 타고 물 건너 가을이 금방 오겠구나!

5부 |

파란 그리움

참, 질기기도 하지
벌써 몇십 년째 앓고 있는
파란색을 향한 그리움

구름 내보낸 바람이 색칠한 하늘
찾아드는 배들을 품어주는 에게해
노을 저녁 알전구가 밝힌 통유리창
여기저기 고개 드는 파랑은
모두 거저 줍는 내 것인데
양이 안 찬다, 양이

신혼 초 입던 코발트블루 카디건
어디로 갔는지 찾지 못한 뒤
잃어버린 빛깔을 앓는다
나이 든 애착의 창문 활짝 열어
환기해야 할 내 파란 그리움

집으로 갑니다

안답시고 곁길로 빠집니다
꽃 피면 꽃구경하고
장터에 들어서서 기웃거리다
이 사람 저 사람 손가락 따라
우왕좌왕이 지나쳐버린 표지판

어느새 석양이 붉은 멍석 깔면서
길 놓친 걸음 재촉하는데
계획도 후회도 모두 엉망진창
덜컥하는 마음에 식은땀이 흐릅니다

잊고 있던 바지 주머니 속 나침반
힘 빠진 두 손으로 받쳐 들고
방향 찾느라 까닥거리는 바늘 뒤를
입 다물고 반듯이 따라갑니다

이제 집으로 갑니다

노매드*의 발걸음으로

시를 만나려면
두꺼운 벽 뚫고 나가야 한다 화석 되어버린 자의식 잘게 부수고 바람 맞으며 광야 걷다가 안 보이는 돌멩이 하나 주워야 한다 시리게 떠는 별 두어 개 품고 말라버린 우물에서 물 길어야 한다

시를 지으려면
풀밭에 양 떼를 풀었다가 초원을 잃으면 짐 꾸려 떠나야 한다 콩알만 한 풀림의 낌새가 어깨 톡톡 두드릴 때 얼른 붙들어 베 짜는 직녀로 살아야 한다 가느다란 실로 흐르는 물줄기 찾아내면 애타는 농부의 떨리는 소망으로 물길 내야 한다

시를 살아내려면
벌떡 일어나 낯선 길로 나서야 한다
노매드의 발걸음으로

*철학자 들뢰즈가 정의한 용어로 특정한 가치와 삶에 얽매이지 않고 끊임없이 자신을 바꾸어 나가며 창조적으로 사는 인간형

배추흰나비 셈법

배추밭의 악동 연둣빛 애벌레는
원초적 기억으로 알 깨고
네 번의 허물 벗으며 몸 불린다
진력으로 번데기 찢은 배추흰나비
땀에 젖은 몸뚱이 말리며 날아간다
비늘 소복한 하얀 날개로

허방다리 기어오르는 노동의 한숨
고단한 어깨로 살아야 하는
아담에서 시작된 인간의 숙명
주저앉지 말자고 주먹 야물게 쥐어도
여윈잠 값어치로 삶을 하얗게 태운다

하늘 향해 치솟을 셈법은
쌔고 쌘 날의 무의미 벗는 것
동굴 막은 딱딱한 편견 깨는 것
땀에 젖은 몸뚱이 말리며 훨훨 날자
소복한 비늘 덮인 찬란한 날개로

모래땅의 반전

불쏘시개로 달군 사막의 태양
알알이 구르는 모래알 굽는다
찬 기운 들어서고 별 또렷해져도
시간은 절대 용서가 없어서
눈 뜬 아침해가 달려들면
헉헉대는 하루는 꿈을 잃고
생기 있는 것들 숨소리 희미해진다

아무도 몰랐다, 그런 날 올 줄은
갑자기 들이친 시커먼 먹구름 떼
모래땅으로 하얀 장막 내리치고
장대비 토하듯 쏟아내더니
마른 샘이 넘쳐 강을 만들었다
땅이 숨 쉬고 하늘이 토닥이며
작은 생명을 흔들어 깨우더니
모래땅이 초록들을 낳고 키웠다
초원에 새들이 훨훨 날아들었다

브란덴부르크 협주곡 5번 1악장

때는 바야흐로 고2 여름방학 직전
귀공자 스타일 음악 선생님이 내주신 방학 숙제 '클래식 음악 30곡 목록' 받아 든다 2학기에 이걸로 듣기시험 평가한다는 원대한 교육 계획 반 친구들 악악대며 거부해도 평생 정서적 안정을 줄 거다 감성을 높여줄 거다 선생님의 달콤한 달램은 얄팍한 꼼수로만 들리던 숨 막히는 부담 덩어리 숙제

여름방학 들이닥쳤다
이집 저집 묻고 다니며 클래식 LP 빌려다 녹음하고 밤에도 듣고 낮에도 듣고 더운 여름 어떻게 가는지도 모르고 들었다 빌보드 순위 팝송 가사 외우기도 부족한 시간 도대체 이 무슨 고상한 중노동이람?
바흐, 모차르트, 베토벤, 하이든, 헨델 … 음악 교과서 등장인물이 친숙해졌다 교향곡의 악기 소리 묘하게 구별됐다 제1주제 제2주제 악장마다 느낌도 깊어지는데 그만 개학이 오고야 말았다

드디어 음악 시험
예고대로 문제가 교실 스피커에서 흘렀다 한 문제 3분의

연주 듣고 작품 제목 적어야 한다 교실엔 여기저기 한숨 소리 가득한데 답 쓰는 소리는 드물다 결국 내 답안지도 절반이 허연 빈칸으로 끝났다

강산 서너 번 바뀌고
30곡 중 몇몇은 덜어 먹던 고급 요리처럼 기억에 남았다 어디선가 들려오면 장학 퀴즈 "정답!" 외치듯 제목부터 튀어나온다 목록 중에서 바흐의 '브란덴부르크 협주곡 5번 1악장'은 흥얼거리는 애창곡 되었다 정서적 안정 맞았고 음악의 풍성한 감성 즐길 줄 알게 되었다

"음악 선생님, 감사합니다!"

아름다운 이야기

맛 잃은 내일을 근심하는 당신
한 꼬집의 짠맛이 된다면
시름 가득한 등걸에 올려놓을
밝은 등불이 된다면
해 못 드는 눅눅한 쪽방
비집고 들어설 빛줄기 된다면
얼른 찾아가서 들려드리지요

당신을 너무나 사랑한다는
당신에게 모든 걸 주신다는
당신으로 인해 기뻐하신다는
아름다운 그분 이야기를 들려드리지요
빛이 키운 영혼의 목소리로

바싹 마른 수세미

누런 가뭄에 타들어 가는 나무뿌리
깊은 주름으로 쩍 갈라진 논바닥
물 한 방울의 갈증으로 시를 찾는데
목욕하고 나선 아침 공기의 청량함
카스텔라처럼 포근한 밤의 속삭임
자연이 바꿔 걸어주는 계절의 풍경화도
오늘이 어제같이 그냥저냥이다

사색의 눈 예민한 귀로
날아가는 시 꽁지털이라도 잡아야 하는데
닦달하는 세상살이에 휘청거리다
바싹 마른 수세미 되어버린 나는
무엇을 담보해야
촉촉한 시 한 줄 제대로 쓸까?

애플 케이크

타국의 학교에서 이십 년 근무하며
빵과 과자를 참 많이도 구워냈다
좋은 동료 배 선생님이 귀국한다며
특별히 남겨준 하얀색 작은 오븐으로

이웃집 초대에서 먹었던 후식
다진 사과를 2컵이나 넣어 굽는
케이크 레시피 받아 적었다
실패 없는 첫 작품이 챙겨준 격려
맛을 본 이웃의 소소한 칭찬에
손님 초대하려면 사과부터 준비했다
시나몬과 어우러지는 내 애플 케이크

그 착한 오븐 물려주고 나도 돌아왔다
다진 사과 2컵이나 넣은 반죽 대신
시간 쪼개고 추린 어휘 벼린 칼로 다듬어
시를 반죽하고 틀에 담아 굽는다
가득한 향기 맛난 케이크로 구워지길 바라며
가보지 못한 곳 누구에게라도 초대장 보낸다

삶의 얼개

온기의 손길로 붙드셨습니다
연약한 무릎 세워주셨습니다
산산조각 무너졌던 영혼이
일어나서 삶의 얼개를 짭니다
모두 타버려 재가 된 아픈 시간들
탁탁 털어내고 숨 쉴 하루 꿈꾸며
얼개 사이를 감사의 땀으로 채워갑니다

내가 좋아하는 향香

목욕시켜 꼬까 입힌 뽀얀 아가의 비누 냄새
새벽 동네 제과점의 빵 굽는 황금빛 버터 냄새
스쳐 가다가 뒤돌아 인사하는 라일락꽃 냄새
가을 담장 밑에 모았던 말린 낙엽 태우는 냄새
주말 아침에 원두 갈아서 내린 커피 냄새
가마솥 아니라도 전기밥솥 햅쌀밥 짓는 냄새
시월 햇빛에 바사삭 말린 가족 이불 냄새
프라이팬에서 갈색으로 구워지는 고등어 냄새
서점에서 펼친 오늘 출간된 시집 냄새
코끝 시린 명동 밤거리 껍질 터지는 군밤 냄새
음 … 그리고
감사기도 드리고 누운 밤 스며드는 평안의 냄새

혀의 심지

억울함으로 심장이 헐떡거릴 때
통곡하며 악을 써도 속이 터질 때
그래서 온몸에 미움의 독 퍼질 때
혀의 심지에
함부로 불붙이지 말아야 합니다
타들어 가며 사방에 터지는 불티가
튀면서 되돌아옵니다

때론 최선책입니다, 침묵하는 용기가

아이러니

엄마 따라다니던 꼬마였을 때
집에서 미꾸라지 다루는 걸 보았다
미끌미끌 미꾸리 무더기로 들통에 붓고
굵은소금 한 줌 쳐서 뚜껑 닫으니
짜디짠 공격에 쿵쾅 우두둑거리며
미친 듯 날뛰던 작은 생명들
그날 저녁 메뉴는 당연히 추어탕
엄마는 맛있고 몸에 좋은 거라고
대접에 떠서 허약하던 내 앞에 놓았다
어린 미안함에 한 숟가락도 먹지 못했다
그 후로 추어탕은 생각만 해도
놀란 기억이 벌떡 살아나 손사래다

계절 바뀌며 축축 늘어지던 날
들은 건 있어서 몸에 좋다 하니
지인의 가게 '소풍 식당'을 찾았다.
죄지은 것도 아닌데 주저주저
작은 목소리로 주문한 슬픈 추어탕
'어?'
구수하고 뜨끈한 것이 맛있었다

버둥대던 미꾸라지 기억 여전하지만
후딱 한 그릇에 땀범벅 온몸이 웃는다
나는 추어탕을 아주 잘 먹는다

6부 |

알라딘* 램프

한참 동안의 먼 나라 생활로
텅텅 비어버린 내 나라의 시간
불 꺼질까 치열하던 타국에선 외국인
발 뻗고 잘 것 같던 고국에선 이방인
생각도 일상도 글쓰기마저도
이 빠진 톱니바퀴로 덜거덕덜거덕

글쓰기 틈 메우면서 걸어가려고
참새되어 알라딘* 램프를 드나든다
마법사 지니는 못 만나도
야무지게 사다리 발판을 끼우고
시간의 톱니바퀴 수리하면서
내 문학의 허기를 채워간다

*중고 서점 이름

탈진 처방전

핵심 전략 세워야 해
찐득하게 빨려드는 늪 벗어나야 하니까

버둥거리지 말고
고개 들어 하늘을 봐 구름을 보라고
팔베개로 슬며시 누워도 좋아
언젠가 불렀던 노래를 기억해 봐
음정이나 가사 틀리면 어때?
고단하면 슬며시 눈을 감아
참견하는 바람이 지나다 잠 건네면
못 이기는 척 받아주렴
배 출출하면 밀어놨던 끼니도 챙겨 먹고
속내 먹구름 걷히면 온 힘 다해 외쳐보렴
세상 오직 한 사람, 특별한 네 이름을

찐득하게 빨려드는 늪 벗어나야 하니까
핵심 전략 세워야 해

심폐소생술

종로구 숭인동 동묘 벼룩시장의 중고 책방 삐뚤삐뚤 낡은 책이 만든 공든 탑 까치발 들다가 구부려 금맥 찾듯 살핀다 안경까지 장착하고 먼지 묻혀가며 뒤적뒤적하다 뒤표지에 가격 5,000원이 인쇄된 1974년, 1994년 초판 발행 시집을 두 권 찾았다 누렇게 바랜 종이 바스러질라 살살 펴는데 이젠 원로가 된 저자들의 푸릇한 낯선 사진이 초롱초롱한 눈으로 건네는 인사

물티슈로 얼룩덜룩 표지 닦고 접힌 책날개 활짝 펴서 양말 건조대 집개로 물렸다 햇빛과 바람이 심폐소생술 하더니 떠난 세월이 천천히 건너온다 번듯해진 시집 두 권에 심겨진 전설 같은 작품들 반가운데
함민복의 '긍정적인 밥'이 왜 자꾸 생각나는지

집안의 기쁨이

두 딸은 아장아장 나는 헉헉대던 시절
옆집에서 요리 강습 있다고 불렀다
하나는 업고 하나는 걸려서 들어서니
낯익은 이웃들 모아놓고 판이 벌어졌다
프라이팬 하나로 요리 척척 만들어
생일상처럼 차려 시식을 권하면서
땀 뻘뻘 요리사가 장사 시작한다

'미국에서 건너온 번쩍이는
5중 바닥 스테인리스 프라이팬
김치찌개, 부대찌개, 생선찌개
불고기, 부침개, 나물볶음
맛깔나게 만드는 만능엔터테이너'

가격이 무려 한 달 생활비
팔랑귀도 아닌데 저지른 충동구매
눈 딱 감고 들여놓은 지 20여 년
식탁 가운데는 듬직한 팬의 지정석
배불리 먹는 사이 바닥 드러나니
식구는 녀석을 '집안의 기쁨'이라 불렀다

세월엔 장사 없다고
볶고 지지고 설거지에 시달리더니
플라스틱 손잡이 하나씩 나가떨어지고
뚜껑 꼭지는 삭아 바스러지고
굳세던 5중 바닥마저 페이스트리로 벌어졌다
분리수거로 보람된 삶을 마무리했지만
'기쁨이'는 가족 대화에 끼어들어
기분 좋게 웃는다

마가리*

서울 올림픽 개최되던 해
백석이 해금되었다
나도 그도 구름 같은 삶이었기에
넘치도록 이해하며 시인을 읽는다
외국 언어보다 낯선 정주 방언도
자루에 가득 챙겨 때때로 꺼내보면서

나타샤를 너무 사랑해서
오늘 밤은 푹푹 눈이 내리는데
출출이 우는 깊은 산골로 가서
마가리에 살자**고 노래하던
시인은 이제 멀리멀리 떠났고
나타샤마저 그 먼 길 뒤따랐지만
방금 찍어낸 인쇄물 잉크에서는
여전히 백석이 숨을 쉰다

버스로 지나치며 보았던
연지동 길가의 식당 '마가리'
그 식탁에라도 앉고 싶다

내 심장에 온 북극성*** 생각하며
그리움으로 살다 간 나타샤 기억하며

*오막살이의 방언이며 제주, 평안북도, 함경남도의 고유어
**백석의 시 '나와 나타샤와 흰 당나귀' 차용
*** 백석은 우리 문학의 북극성이라고 불리기도 함

뚜런·뚜슈*

옛날에
작은 동산이 두 개 있었어
큰길에 작은 오솔길 내고
틈만 나면 찾아가 나무 심고
돌멩이 걷어내고 꽃씨 뿌리고
연못 만들어 물고기도 키웠지
새가 찾아와 동무가 되더구나

숨차고 다리 힘이 빠지며
세상 지고 가는 삶의 짐 버거워
오솔길 사이에서 엎드려 울 때
초록 그늘과 잔치하던 꽃으로
살그머니 다가와 양옆에 앉아주던
내 예쁜 동산들

천리마 타고 시간 달려가도
엄마는 늘 봄날을 품고 살아
너희 이름을 애당초 심장에 새겼거든
바라만 보아도 감사한 선물인
'뚜루'와 '뚜슈'

*두 딸 부를 때 사용하는 중국어 이름의 애칭

뚱딴지의 한바탕

옛 지명 북간도의 북산가 언덕
대륙답게 학교의 넓은 교무실
한쪽 벽 유리창이 만리장성이다
퇴근하려다 언뜻 창밖을 보니
아기 해바라기 닮은 뚱딴지가
언덕 몽땅 차지하고 춤 잔치다
소피아 로렌의 해바라기밭
고흐의 해바라기 그림 보다
더 진한 노란꽃 긴 목의 춤사위가
가을바람마저 노랗게 물들인다

오래 살아도 여전히 남의 땅
고국의 붉은 단풍 서럽도록 그립지만
사는 땅에 마음 주고 발붙이려고
팔짱 끼고 한참을 내다본다
별 건너오니 퇴근해야 하는데
뚱딴지꽃 한바탕 잔치에 어울려
나도 진노랑 리듬을 타고 있다

모르게 흐르는 강물처럼

이미자 노래 좋아하신 아버지는
가사에 인생이 있다며 진지하셨다
팝송 좋아하던 나는
팝콘 같은 노래로 젊은 날 보냈다

모르게 강물 흐르듯이 세월 흘러
언젠가 들었던 노래 한 곡이
하루에도 몇 번씩 마음 두드린다
프린터로 가사 출력해서
읽고 생각하며 따라 부르다가
빳빳한 투명 파일에 넣어
손 금방 닿는 서가에 꽂아두었다
아버지를 닮아가는지
책 아닌 것이 책보다 깊다

'울퉁불퉁한 길 구불구불 구부러진 길
지도조차 없는 것 그것도 인생
아, 강물이 흐르는 것처럼 완만하게
수많은 세월이 흘렀네

아, 강물이 흐르는 것처럼 끝없이

하늘은 황혼에 물들어 가네*'

*일본 가수 '미소라 히바리 美空ひばり' 의 노래 '흐르는 강물처럼' 가사 차용

압화押花

가을이라곤 단풍 들어설 틈도 없는
한 해 절반이 겨울인 추운 땅
중국 동북의 재외한국국제학교
친척 결혼식 간다며 결석계 내고
한국 갔던 예준이가 챙겨온 선물

초등 3학년 2학기 과학책
'잎의 생김새' 단원의 은행나무는
영하 10도 이하 땅에선 볼 수 없으니
칠판에 은행잎 그려보기도 하고
잎 사진을 ppt로 스크린에 띄워보지만
우리 반 친구들은 눈만 말똥말똥

짧은 귀국 기간 은행잎 하나씩 주워
책갈피에 압화로 만든 기특한 아이
선생님과 반 친구들 숫자만큼 챙겨온
이파리 쑥스럽게 내밀던 꼬마 제자
처음 보는 묘한 잎 하나씩 받고
시청각 교육에 촉감의 실습까지
샛노란 웃음꽃 활짝 핀 우리 교실

타국에서 예준이가 챙겨준 황금빛 추억
가을의 남산길 은행나무 주변을 맴돈다

감자 캐는 아이들

농사가 생소한 젊은 교사와
도시 아이들이 밭농사를 지었다
과학 교과서가 가르쳐준 대로
검정 봉지로 감자 눈을 틔워
학교 뒷문 꽃밭을 찾았다
초등 3학년 '꿈을 가꾸는 반' 23명은
쪼갠 씨감자를 꽃삽으로 심었다
나무젓가락에 자기 이름표 달아놓고
해 뜨면 달려가고 비 오면 살피면서
감자 꿈꾸며 가을을 기다렸다

드디어 캐는 날
땅속 감자 아가들이 줄줄이 따라 나왔다
학교에 가득한 장화 신은 아이들 환호성
흙 묻어도 보물처럼 감자 챙겨서
수확의 기쁨 한 자루씩 안고 하교했다

풍성했던 짧은 가을 지나자
찬 북풍이 매서운 하루 불러들이고
눈 펑펑 내리는 날 잦아질 때

우리는 따뜻한 교실에서 동시를 썼고
3학년의 한 해 마치며 문집을 엮었다
'감자 캐는 아이들'이라는 제목의

| 해 설 |

약자에 대한 관심과 연대의식
– 김미란의 시세계

이 혜 선(시인 문학박사 전: 한국여성문학인회 이사장)

1. 이방인 의식의 틈새 메우기

김미란 시인은 중국 연변에서 20여 년을 지내다가 귀국한 지 7년이 되어 국내에서도 활발하게 활동하고 있는 시인이다.

시인은 독실한 기독교 신앙인이다. 타고난 천성에 신앙심이 더하여 긍정적이고 감사하는 시선으로 세상의 두두물물頭頭物物을 바라보는 마음가짐이 따뜻하다. 그의 시에는 타자他者에게 도움이 되고자 하는 측은지심과 약자에 대한 관심, 연대의식과 더불어 자신을 다스리는 자성自省의 시선이 다양하게 표출되고 있다.

김미란 시인은 오랜 외국 생활을 하고 고국으로 돌아온 후에, 그동안 빈자리였던 고국에서의 생활에 익숙해지기 위해서 어려움이 많았을 것이다. 남의 나라 땅 연변에서 지낼 때는 그곳의 생활에 적응하기 위해 애쓰다가, 돌아온 고국에서 다시 적응하기 위해서는 남모를 많은 노력이 필요한 동시에 두고 떠나온 그 땅과 사람들에 대한 그리움 또한 컸을 것이다.

국수틀로 뽑아낸
노오란 가닥 쫄깃하게 삶아내 잘게 썬 김치, 양파, 풋고추, 고수 고명에 양념장도 올려 따끈한 장탕국 부어 먹으면 어머니의 물국수 생각에 울컥했겠다 윤동주, 김좌진, 홍범도 그리고 내 할아버지까지 나라 잃은 사람들 마주했을 고마운 끼니

십여 년 전
중국 대학에서 근무하던 어느 오후 연변 자그마한 국숫집에 앉아 어눌한 중국어로 주문한 옥시국시 한 그릇 따신 국물이 목구멍을 타고 내리는데 마음이 때 없이 허기지던 타향살이에 한 대접의 격려

나의 20년 두고 온 곳
다시 갈 수 있다면 웃기가 윗길이라는 국수 위에 고기 듬뿍 얹어 그 땅에 심긴 어여쁜 사람들과 흠뻑흠뻑 웃으며 시끌벅적 먹고 싶다

―「옥시국시」 부분

연변조선족자치주는 우리 민족과 깊은 관계가 있는 간도間島 땅이다. 일제강점기에 일본의 마수를 피해, 가난과 굶주림을 피해 남부여대하여 희망을 안고 찾아간 설움의 땅이며, 빼앗긴 나라를 되찾기 위해 선열들이 한 몸에 가해지는 위험을 무릅쓰고 독립운동과 무장독립투쟁을 하던 터전이기도 하다. 특히 봉오동 전투와 청산리 전투에서 많은 일본군을 사살하고 큰 승리를 거두어 우리 독립군의 사기를 최고조에 이르게 한 김좌진 홍범도 장군이 활약하던 곳이다. 그런가 하면 북간도 명동촌은 시인 윤동주가 태어나서 독립의식을 고취하는 교육을 받으며, 서울의 연희전문학교에 입학하기 전까지 살과 뼈와 영혼을 키운 곳이다. 그래서 시인은 그 시절에 망국인의 슬픈 허기를 달래주던 옥시국시를 보며 "윤동주, 김좌진, 홍범도"에 이어 "내 할아버지"까지 소환하여 추체험追體驗한다. 이어서 시인은 자신이 겪었던 "때 없이 허기지던 타향살이"에 대한 격려로 옥시국시를 기억한다. "나의 20년을 두고 온 곳" 연변에 다시 갈 수 있다면 "그 땅에 심긴" 어여쁜 핏줄들을 찾아서 "흠뻑흠뻑 웃으며 시끌벅적" 옥시국시를 먹고 싶다고 두고 온 그곳을 그리워한다.

옛 지명 북간도의 북산가 언덕
대륙답게 학교의 넓은 교무실
한쪽 벽 유리창이 만리장성이다
퇴근하려다 언뜻 창밖을 보니
아기 해바라기 닮은 뚱딴지가
언덕 몽땅 차지하고 춤 잔치다
소피아 로렌의 해바라기밭

고흐의 해바라기 그림 보다
더 진한 노란꽃 긴 목의 춤사위가
가을바람마저 노랗게 물들인다

오래 살아도 여전히 남의 땅
고국의 붉은 단풍 서럽도록 그립지만
사는 땅에 마음 주고 발붙이려고
팔짱 끼고 한참을 내다본다

-「뚱딴지의 한바탕」 부분

뚱딴지는 아기 해바라기를 닮은 꽃이다. 땅속에 감자 모양의 덩이뿌리가 있는데 이를 돼지감자라고 부른다. 그 뚱딴지꽃이 언덕을 몽땅 차지하고 춤 잔치를 벌이는 것을 보면, 그곳 사람들이 식량 대용으로 혹은 가축 사료로 쓰기 위해 대량으로 재배했던 것 같다. 시인은 학교에서 하루 일과를 끝내고 퇴근하려다가 넓은 창문으로 뚱딴지꽃의 춤 잔치를 본다. 옛 지명 북간도인 북산가는 "오래 살아도 여전히 남의 땅"이지만 사는 동안은 그곳에 정을 붙여야 한다. "사는 땅에 마음 주고 발 붙이려고" 퇴근하는 것도 잊어버리고 한참을 내다보고 서 있는 시인의 모습이 보인다. 외국 생활의 애환을 직접 토로하지는 않지만 노매드 생활의 어려움과 그것을 극복하려는 의지를 행간에 함의하고 있다.

한참 동안의 먼 나라 생활로
텅텅 비어버린 내 나라의 시간
불 꺼질까 치열하던 타국에선 외국인
발 뻗고 잘 것 같던 고국에선 이방인
생각도 일상도 글쓰기마저도
이 빠진 톱니바퀴로 덜거덕덜거덕
글쓰기 틈 메우면서 걸어가려고
참새되어 알라딘* 램프를 드나든다
마법사 지니는 못 만나도
야무지게 사다리 발판을 끼우고
시간의 톱니바퀴 수리하면서
내 문학의 허기를 채워간다

-「알라딘 램프」 전문

시인은 몸이 하나이기에 타국에 가서 머무는 동안만큼 고국에서는 그 자리가 비어있을 수밖에 없다. 그런데 그가 머물던 타국에서는 아무리 치열하게 노력하며 살아도 '외국인'이다. 고국에서는 발 뻗고 잘 것 같았는데 막상 고국에 돌아와서도 비어있던 그동안의 시간을 채울 수 없어 '이방인'이다. "생각도 일상도 글쓰기"도 모두 이 빠진 톱니바퀴처럼 덜거덕거리니 그 틈새를 메꾸기 위해 안간힘을 쓸 수밖에 없다. 화자는 시인이기 때문에 비어있는 틈을 메우기 위해 글쓰기에 가장 심혈을 기울인다. 그래서 '글쓰기 틈'을 메우려고 알라딘 중고서점을 참새 방앗간처럼 자주 드나든다. 책이라는 사다리를 통해 잃어버린 시간의 틈새를 메꾸고 허기를 채워가게 된다. 그러한 노력으로 이제는 고국 땅에 발붙이고 적응하기 위해 차차 "시간의 톱니바퀴"를 수리하고 "문학의 허기를 채워"가고 있다.

시를 만나려면
두꺼운 벽 뚫고 나가야 한다 화석 되어버린 자의식 잘게 부수고 바람 맞으며 광야 걷다가 안 보이는 돌멩이 하나 주워야 한다 시리게 떠는 별 두어 개 품고 말라버린 우물에서 물 길어야 한다

시를 지으려면
풀밭에 양 떼를 풀었다가 초원을 잃으면 짐 꾸려 떠나야 한다 콩알만 한 풀림의 낌새가 어깨 톡톡 두드릴 때 얼른 붙들어 베 짜는 직녀로 살아야 한다 가느다란 실로 흐르는 물줄기 찾아내면 애타는 농부의 떨리는 소망으로 물길 내야 한다

시를 살아내려면
벌떡 일어나 낯선 길로 나서야 한다
노매드의 발걸음으로

–「노매드의 발걸음으로」 전문

20세기 최고의 시인이며 문학평론가인 T.S.엘리엇(T.S.Eliot,1888년~1965년)은 시를 쓰는 핵심이 바로 객관적 상관물을 만드는 데 있다고 하였다. 시인은 일상에서 객관적 상관물을 발견하고 만나기 어려울 때 길을 떠나야 한다. 또 다른 초원을 찾아서. 그 초원은 낯선 여행지일 수도 있고, 책일 수도 있고, 아니면 음악, 춤, 영화, 연극이나 혹은 낯선 이의 삶이

될 수도 있을 것이다. 김미란 시인은, "시를 만나려면 두꺼운 벽을 뚫고 나가야 한다"고 진술한다. 일상적인 것, 고정된 관념, 매너리즘, 앞을 가로막는 장애를 뚫고 나가야 비로소 한 줄의 시를 얻을 수 있을 것이다. 그러기 위해서 시인은 "화석 되어버린 자의식"을 잘게 부수어야 한다고 노래한다.

러시아의 소설가 도스토옙스키는 『지하생활자의 수기』에서 "지나친 의식은 병이다. 일상생활에 필요한 의식이란 대다수의 지식인이 갖는 의식의 반절이나 4분의 1 정도면 족한 것이다"라고 하였다. 이처럼 시인은 보통의 사람들이 일상생활에 필요한 의식보다 너무 많은, 자의식의 과잉상태가 될 때가 많이 있다. 그러나 병적이라고까지 할 수 있는 그 자의식 덕분에 많은 예술가가 감동적인 작품을 창조해 낸다. 김미란 시인은 이러한 자의식을, 오랜 외국 생활 속에서 생활에 충실하기 위해 화석으로 굳히고 겉으로 표현하지 않으려고 노력하였을 것이다. 그런데 이제는 고국에 돌아왔으니, 굳어버린 자의식을 잘게 부수어서 활력을 되찾고 "바람 맞으며 광야를" 걸으면서 "안 보이는 돌멩이 하나" 주워야 한다. 안 보이는 돌멩이는 사물과 사람과 상황의 안 보이는 이면, 또는 초월적인 저 너머를 읽어내는 눈이 될 것이다. 시인은 "시를 지으려면", "시를 살아내려면" 익숙한 일상의 삶을 떠나서 "노매드의 발걸음으로" 낯선 길을 떠나야 한다. 이 작품은, "시를 만나려면→시를 지으려면→시를 살아내려면"의 구조로 점층법을 사용하면서 점점 깊이 시의 길을 찾아가는 메타시(Metapoetry)이다.

시인은 또 시 「배추흰나비 셈법」에서도 "하늘 향해 치솟을 셈법은/쌔고 쌘 날의 무의미 벗는 것/동굴 막은 딱딱한 편견 깨는 것"이라고 하며 찬란한 날개로 훨훨 날자고, 발전을 위한, 정진을 위한 자아에 대해 다짐과 결단을 노래하고 있다.

2. 약자에 대한 관심과 사회의식

김미란의 시에는 신심 깊은 신앙인답게 사회의 그늘진 곳, 약자에 대한 관심과 연대의식 측은지심 등 사회의식이 발현된 작품이 많이 있다.

길 건너 붉은벽돌 교회 구내식당
빈속 아우성에 휘청대며 들어서면
차례로 줄지은 익숙한 얼굴들
서럽고 외로운 딱정이가 떨어진다

식당 문 열리면 침샘 두드리는 식욕
나누는 사람과 받아 든 사람이
따사로운 생존의 띠를 엮는다
방금 끓여낸 보리차같은 마음들이
식판에 담아주는 어묵볶음, 김치, 나물
더운밥에 된장국은 하루 지탱할 힘
맛난 한 끼 절반을 아껴 먹고
남은 절반 담은 검은봉지 배낭에 넣는다
여전히 살 만한 세상이
든든해진 배낭 뒤를 묵묵히 따라 걷는다

–「생존의 띠」 부분

위의 시에서는 가난한 사람, 몸이 불편한 장애인 등에 대한 따뜻한 관심과 연대의식이 모여서 "생존의 띠"를 만들고 하루를 지탱할 힘을 얻게 해준다. 뺨을 할퀴는 세상의 바람 속에서도 "방금 끓여낸 보리차 같은 마음들이" 있어서 서럽고 외로운 세상이지만 그래도 온기 흐르는 "살 만한 세상"이 되는 것이다.

종로구 피맛골
십 년째 드나드는 어머니 손맛 해장국집 손님 들이치는 점심 몰이 잦아진 시간 선지해장국 한 그릇 주문하려는데 어딘가 불편한 듯 덜걱덜걱 들어서는 부부 아내의 팔꿈치 잡은 시각장애인 한 손으론 지팡이 톡톡 짚으며 들어와 자리 잡는다 십여 분 지나 다른 시각장애인 부부도 들어선다

달각달각 발소리로 다가가서 나지막이 주문받는 중년의 식당 직원
따스운 김 나는 해장국 뚝배기와 수북한 깍두기 오르고
식사하는 동안 반찬 접시 채워주는 눈치 빠른 젊은 직원
도란도란 안부 물어가며 노포의 정 맛있게 먹는 네 사람
흐르는 대화에 스며들어 그들의 속도로 식사하는 나

삼 대째 이어온 식당엔
사람 귀히 여기라던 창업주 가르침이 오늘도 잔잔히 흐르고 벽에 걸린 '초창기 식당' 흑백사진을 토렴하는 오후 햇살이 노랗게 머물고 있다

–「토렴하는 오후 햇살」 전문

십 년째 드나드는 종로구 피맛골의 어머니 손맛 해장국집의 따뜻한 이야기이다. 시각장애인 손님을 맞아 불편함이 없도록 알아서 접객하는 식당 종업원들을 통해 사람살이의 아름다움을 동영상처럼 보여준다. 삼대째 이어온 식당에는 '초창기 식당'의 흑백사진이 걸려 있는데, "사람 귀히 여기라던" 창업주의 가르침, 그 초심을 잃지 않도록 오후의 햇살이 토렴해서 그때의 사진을 식지 않도록 계속 데워주고 있다. 토렴이란 식은 밥에 뜨거운 국물을 반복해서 부었다가 따라내는 방법으로 밥을 따뜻하게 데우고 국물의 맛을 밥에 스며들게 하는 우리나라의 전통적인 조리법이다. 위의 시에서도 초창기 식당의 흑백사진을 벽에 걸어놓고 삼대를 이어서 노력하는 주인과 종업원들의 마음이 식지 않도록 오후의 햇살이 데워주고 또 데워주고 있다는 아름다운 이야기이다. 이처럼 손님 한 분 한 분을 귀하게 여기라는 창업주의 가르침을 잊지 않고 실천하고 있기에 찾아오는 손님마다 불편함이나 어려움이 없도록 친절할 수가 있는 것이다.

거미줄로 지구 휘감은 인터넷망
인공지능이 깜냥보다 앞서 내달리고
클릭이 차린 따끈한 지식은 이내 식는다
미래를 끌어다 살아야 하는 세상
어제의 밖으로 나가는 건 두려운 일
내리꽂는 작달비에 맨발로 걷는 거라며
두려움으로 웅크린 계획이 고개 돌린다

야문 바람이 서랍 틈으로 들어와서
누워 자던 시간을 흔들어 깨운다
파랑새가 알려준 곳에 가자고
밀레의 감자밭으로 가자고

—「서랍 속에서」 부분

"어제의 밖으로 나가는 건 두려운 일" "내리꽂는 작달비에 맨발로 걷는" 등의 표현 속에, 디지털 인공지능 시대에 적응하지 못하고 식당의 키오스크 앞에서 주문도 못 하는 노년 세대의 소외감, 불안, 두려움을 잘 묘사하고 있다. 이러한 시대에 발맞추어 살아가려면 "미래를 끌어다 살아야" 하지만 두려움이 앞서는 그들은 "노크하는 새날을 밀어내고" "두려움으로 웅크린 계획이 고개 돌린다". 그래도 희망은 있다. "누워 자던 시간을 흔들어 깨"워주는 아문 바람이 서랍 틈새로 조금이라도 들어오기 때문이다.

시 「원본의 상실 Simulacre⑵」에서는 "소소한 일일연속극"처럼 오순도순 한 식구로 살아가던 동네가 "우람한 아파트들 배짱 좋게" 들어서자 성채가 된 집집마다 문을 굳게 닫고 "동네엔 이제 우리동네가 없"이 새로 닦인 찻길에 묻혀 버려서 원본이 상실되고 복제물이 대신하고 있는 안타까운 현실을 그리고 있다.

이처럼 변화에 대한 부정적 시선이 있는가 하면, 「다 그대로여」에서는 예전의 인정을 그대로 변함없이 간직하고 있는 동네를 따뜻하게 그려내기도 한다.

이 동네는 옛날 그대로여
길 건너 우체국이랑 초등핵교도 여전하구
간판 갈았지만 시장통 약국도 버젓이 있어
버스 정류장 김 안과도 3층 거기에 있잔여
칠성방앗간 떡맛도 그냥저냥 그대로여
골목시장도 나 어릴 때 그대로라니께
그래서 노인들 살기 좋어
맞아, 수더분허니 참 좋어

전부터 여태껏
해도 달도 다 그대로라는 우리 동네
구청에서 지붕 덮어준 다리 위 벤치에
오가다 모여 앉은 동네 어르신들
편의점 자판기 커피 뽑아 드시며
아주 진지하게 아주 흡족하게
두런두런 이야기가 동그라미다

– 「다 그대로여」 전문

재건축, 재개발 등으로 원본이 상실되고 세상이 천지개벽을 하지만 "이 동네는 옛날 그대로"이다. 예전 그대로를 간직한 동네를 찾아보기 힘든 도시의 삶에서, 노인들이 살기 좋은 "해도 달도 다 그대로"인, 수더분한 동네를 잘 묘사하고 있다. "아주 진지하게 아주 흡족하게" 이야기꽃을 피우는 동네 어르신들 모습 속에 따뜻한 인정이 피어난다.

「희 의상실」에서도 "돋보기 느슨하게 걸친 반백 파마의 주인장" 따라 "장수거북 닮아가는" 의상실의 변함없는 성실함을 세밀한 묘사로 따뜻하게 그려내고 있다.

시인은 이처럼 사회적 약자에 대한 관심과 함께, 정신 못차리도록 변화하는 세상을 그려내면서 그 속에서 서로 손잡고 나아가야 하는 연대의식의 중요성을 노래하고 있다.

3. 바람 막아주는 가족사랑과 신앙

시인은 세 번째 데이트에서 새빨간 장미 스물두 송이를 건네던 남자와, 부부가 되어 바람 부는 세상을 건너오면서 든든한 동반자가 된 것을 고마워한다. "바람 맵짜게 부는 삶의 광야에서/서로 바람 막아주는 걸로 충분"하다고 고마움을 표현한다. 가족이란 어떤 상황에서도 서로의 편이 되고 서로의 바람을 막아주는 존재이다. 비바람이 몰아치는 광야를 건너오자면 힘든 날, 어려운 시간이 왜 없었을까. 시인은 그 어려운 시기를 지나온 삶을 「우유 자습서」에서 그려내면서도 감사를 잊지 않는다.

집었다 놨다 다시 집었다가
손에 쥔 동전 몇 개 만지작만지작
냉장고에 쟁이던 딸들 좋아하던 우유
겨우 500밀리 한 팩 선뜻 사는 게
집 한 채 사는 것만큼 힘들었다.
그날그날 무너지는 삶은 몹시 매웠다

이젠 1등급 1,000밀리 몇 팩이라도
냉큼 살 수 있는 주머니를 찼지만
궁핍으로 가슴 저리던 인생 공부
마트 계산대에서 또렷하게 읽힌다
물건 사 들고 나설 때마다
철이 든 감사가 깊은 데서 흘러나온다

—「우유 자습서」 부분

어린 딸들이 좋아하던 우유를 "겨우 500밀리 한 팩 선뜻 사는 게/집 한 채 사는 것만큼 힘들었다"고 고백하는 매운 삶의 시기를 지나서 "이제는 1등급 1,000밀리 몇 팩이라도/냉큼 살 수 있는 주머니를 찼지만" 물건을 사 들고 나설 때마다 "철이 든 감사가 깊은 데서 흘러나"오는 감사의 시간을 보낸다. 시인의 이러한 감사하는 태도는 본래의 인성에 기인하기도 하겠지만, 그녀가 평생 지녀온 신앙의 힘에 의지하는 바가 큰 것으로 보인다.

'감사는 감사를 낳고
그 감사는 또 다른 감사를 낳고
감사는 자꾸만 감사를 낳는다'

살 떨리는 감시와 결박에 묶인 땅
흐릿한 빛 한줄기도 들어서지 못하는
웅크린 지하교회 갈라진 벽에
이름 숨긴 성도가 쓴 믿음의 고백이
먼지 쌓인 내 영혼의 거미줄 걷어냅니다

-「낳고, 낳고, 낳고」 전문

"감시와 결박에 묶인 땅" "웅크린 지하교회 갈라진 벽에" 이름도 없는 선배 성도들이 쓴 믿음의 고백을 읽으며 시인은 내 영혼의 먼지를, 거미줄을 걷어내며 감사는 감사를, 또 다른 감사를 낳는 감사의 삶을 현재에 실천해 나가고 있다.

서러움 질질 끌고 찾아간 당신 품
진저리 치며 통곡하는데
강한 팔로 안아 토닥이신다
샘물로 솟는 평안에 영혼이 숨 쉰다
강하고 담대하라 일으키시며
빈손에 쥐여주신 물맷돌 다섯 개*
놓치지 않게 꽉 쥐고
저벅저벅 저벅저벅 걸어간다
살아가는 건 싸움터라는 곳으로

-「물맷돌 다섯 개」 부분

세상이라는 거대한 골리앗을 이겨야 산다고 모두들 외친다. 방패도 없고 무기도 없는 어린 목동인 다윗이 믿는 것은 오직 신앙의 힘이다. "서러움 질질 끌고 찾아간 당신 품"에서 "빈손에 쥐여주신 물맷돌 다섯 개"는 시적 자아를 어떠한 어려움에 처하더라도 강하고 담대하게 해주는 위로와 평안과 희망의 무기이다. 오직 독실한 신앙으로만이 얻을 수 있는 감사하는 삶이다. "나의 힘이 되신 여호와 하나님을/마음 다해 사랑하기에/마음 다해 의지하기에"(「드릴 말씀」) 누릴 수 있는 평안이다.

거듭난 영혼이 다시 줄 긋는다
그제야 인쇄된 구절이
심장에 뚜벅뚜벅 들어와 말한다
삶으로 살아내라고
그래야 하는 거라고

－「영혼으로 긋는 줄」 부분

이처럼 시인은 평생을 통해 신앙을 실천하며 살아오고 있다. 하도 읽어서 테이프로 둘둘 감은, 바스락거리는 성경책에 "오렌지 형광펜 줄/연두색 형광펜 줄/빨간 볼펜의 물결선까지 그으며" 읽고 또 읽었는데도 "처음 본 듯 낯설 때가 있다" 시인이 경건한 정신으로, 거듭난 영혼으로 다시 줄을 그으면 그제서야 "인쇄된 구절이/심장에 뚜벅뚜벅" 들어와 박힌다. 시인은 그 가르침을 "삶으로 살아내"는, 실천하는 신앙인이 되기 위해 다시 영혼으로 밑줄을 긋는다.

늘 그런 식이었지, 우리 엄마는
모락모락 찐빵 반듯한 것만 옆집 몫으로 접시에 담으셨어 못난 건 왜 항상
우리 차지냐고 입 삐죽이 나와 툴툴대던 말
"엄마처럼 안 살 거야"

작아진 오빠 스웨터 풀어 조끼를 짜서 나 입히고 동생도 입히고 다시 풀어
모자 짜고 장갑 만들고 … 새것 갖고 싶어서 내뱉던 말
"엄마처럼 안 살 거야"

딸의 투정 그러려니 넘기셔도 서슴없이 항아리 뚜껑 열어 아껴 모은 것 가

난하고 힘든 곳으로 조용히 흘려보내신 당신 끝 보이는 병상에서도 멈춤 없던 섬김의 품격 좋다시던 자목련 꽃잎 지듯 가신 지 벌써 여섯 해 왼손 모르게 심으신 오른손의 씨앗이 어머니 빈 자리에서 튼실한 열매로 맺히고 있다

헐렁한 바지 주머니에
두 손 슬쩍 찔러 넣으면서 혼잣말이다
"엄마처럼 살 거야"
"난 우리 엄마처럼 살 거야"

–「성급한 일반화의 오류」 전문

시인의 이러한 신앙의 태도, 섬김의 삶은 어머니에게서 물려받은 유산으로 보인다. "서슴없이 항아리 뚜껑 열어 아껴 모은 것 가난하고 힘든 곳으로 조용히 흘려보내신 당신, 끝 보이는 병상에서도 멈춤 없던 섬김의 품격"은 딸에게로 와서 "엄마처럼 살 거야" 하고 대를 이어가게 한다. 그래서 딸은 "이른 시간 늘 골방에 들어/무릎 꿇고 올려드리는 아침 기도는/하루 살아낼 힘 충전하는 복된 노동"(「8월, 어느 아침의 소묘」)으로 날마다의 일상을 신앙 속에서 "감사의 목록"을 기록해가는 나날로 이어가게 되는 것이다.

막 쪄낸 포슬포슬 햇감자 먹다가
떠오르는 고마운 단어들
농부, 햇빛, 비와 흙
(중 략)
휴대전화로 보낸 나의 시 한 편
읽고 마음 추슬렀다 걸려 온 딸의 전화
시인 되길 잘했다며 챙겨 담는 자긍심

손가락으로 세다가 다 못 세어
그만 두 손 활짝 편 감사의 목록

–「감사의 목록」 부분

계절도 시간도 다 넘어뜨리고
문자로 달려온 지인의 부고

머릿속 텅텅 비어버리고
온몸이 심장 되어 쿵쿵 뛴다
엊그제 만났던 사람인데
조만간 또 보자던 사람인데
약속도 안 지키고 가버렸다
(중 략)
하루하루 살아가는 건
하루하루 떠날 준비구나
차례 오면 다 놓고 가는 거구나

저만치 밀어둔 본향 돌아갈 약속
얼른 꺼내 먼지 툭툭 턴다

–「부고訃告」 부분

엊그제 만났던 지인의 부고를 갑작스럽게 받으면 누구나 생生과 사死에 대해 생각해보게 될 것이다. 그래서 다다른 결론은 우리에게 삶을 대하는 새로운 깨달음을 주고, 거기 더하여 자신의 삶을 점검해보는 계기를 준다. 이 시에서 시인은 "하루하루 살아가는 건/ 하루하루 떠날 준비"라고 자아를 성찰하며 생과 사를 초탈하고자 하는 달관에 이르고 있다.

김미란 시인은 이 시집에서 사회의 약자에 대한 관심과 따뜻한 연대의식, 비어있던 고국에서의 틈새를 메우기 위한 시인으로서의 철저한 자각과 노력, 가족사랑과 신앙에 대한 시세계 등을 다양하게 펼쳐내고 있다. 앞으로 시인은 이러한 폭넓은 시의식을 더욱 높고 깊게 확장시켜서, 더욱 훌륭하고 감동적인 작품으로 한국문학을 발전시키고, 사회를 따뜻하고 살만하게 만드는 데 앞장서 주시기를 기원한다.